APPARITIONS

HISTORIQUES

NOUVELLES.

Par M. La Porte.

PRIX : 1 FRANC 50 CENT.

PARIS,

ROUANET, LIBRAIRE, RUE VERDELET, N. 6,

PRÈS DE LA GRANDE POSTE AUX LETTRES.

1832.

APPARITIONS

HISTORIQUES

NOUVELLES.

DU MÊME AUTEUR.

Pélerinage en Italie ; 2 vol. in-12.
Ivelina ; 3 vol. in-12.

Chez Pigorreau, libraire, place Saint-Germain-l'Auxerrois.

Paris. Imprimerie de Auguste MIE, rue Joquelet, n. 9,
Place de la Bourse.

APPARITIONS

HISTORIQUES

NOUVELLES.

Par M. La Porte.

PARIS,

ROUANET, LIBRAIRE, RUE VERDELET, N. 6,

PRÈS DE LA GRANDE POSTE AUX LETTRES.

1832.

PRÉFACE DE L'ÉDITEUR.

Nous publions aujourd'hui trois nouvelles pièces de l'auteur des Apparitions historiques, dont les journaux, surchargés des débats de la polémique de chaque jour, n'ont rendu qu'un compte succinct, et auquel le public, préoccupé lui-même des graves intérêts qui engendrent cette polémique, n'a pu prêter l'attention que semblait devoir appeler sur ces compositions l'esprit qui les a inspirées, et le ton de haute poésie qui les distingue en plus d'un passage. Nous ne doutons point que ces nouvelles Apparitions, offertes aux lecteurs avant l'ouverture des chambres, et à une époque où l'attention est libre encore de s'attacher au côté poétique de la politique, ne remettent leurs aînées honorablement en lumière, et ne révèlent une muse rivale de celle du chantre de la Grande Semaine.

APPARITIONS

HISTORIQUES.

Salut, divin triomphe !
André CHÉNIER.—Iambe I.

Car je chante la gloire....
Marie-Joseph CHÉNIER.

Comme au jour où, pâle et muette,
Et le front courbé sous le deuil,
Du tribun de Barcelonette
La foule suivait le cercueil ;
Comme au jour, non moins triste encore,
Où, dans la perte qu'il déplore

Le peuple escortait Benjamin ;
Cette fois aussi, d'un pas morne,
Il guidait le char vers la borne
Qui marque le bout du chemin.

Car l'homme que la mort avait saisi la veille
N'était pas un de ceux chez qui la garde veille
Au seuil royal de leurs palais,
Un de ceux dont la fin, certes, n'émeut personne,
Et qui n'ont aujourd'hui, quand le glas sur eux sonne,
Pour cortège que leurs valets :

C'était un homme fort de cœur, pour la défense
Du pays, ayant pris le mousquet dès l'enfance ;
Comme l'aigle à l'aire échappé,
Planant haut, et veillant sur la cause commune ;
Puis, chauve, la servant encore à la tribune
Lorsque la mort l'avait frappé.

Or donc, quand, d'aventure, un cadavre de prince
Roule vers Saint-Denis, si l'assistance est mince,

Et les regrets de mince aloi,
Ce n'était pas de même, à vrai dire; tout blême
De sa perte, et du deuil dont il portait l'emblême,
Le peuple affluait au convoi.

Tout le peuple... et des yeux où la douleur s'attache,
Vous eussiez vu les pleurs tomber sur la moustache
Aux poils grisons des vétérans;
Et, parmi ces débris d'une gloire sacrée,
Ces mots : Fontarabie, Allemagne, Caprée,
Glissaient sur leurs lèvres errans.

Heureux qui meurt debout! Heureux qui, plein de vie,
Tombe, étranger au deuil dont sa chûte est suivie,
Et sans voir le peuple vaincu!
Heureux qui, sur la couche où la mort vient si lente,
Ne va point, d'une voix qui s'affaisse dolente,
Répétant qu'il a trop vécu!

Non, la France n'a plus de Dieu qui la protège.
Qui l'eût dit, qu'à travers les flots de ce cortège,

Qu'à travers ces mâles douleurs,
Qu'à travers les regrets où nul cri ne se mêle,
Des mouchards porteraient leur volonté formelle
De teindre de sang tant de pleurs?

Qui l'eût dit?... Et qu'un autre eût trouvé des ministres;
Des prisonniers du Ham, prosélytes sinistres,
Comme eux exécrés et maudits?
Eux aussi recourant à l'affut homicide!
Eux signant l'ordre aussi que le glaive décide,
Le glaive, ce droit des bandits!

Qu'importe que le prolétaire,
Ilote par le sort trompé,
N'arrache à l'oisif tributaire
Qu'un pain de ses sueurs trempé?
Jetez, sans crainte des huées,
Jetez l'or aux prostituées;

Bardez de croix les picaros ;
Mais songez qu'après la victoire ,
S'il faut des arrêts au prétoire ,
Il faut des palmes aux héros.

A deux battans ouvre tes portes ;
Sous ton dôme et sur tes autels ,
Panthéon , laisse leurs cohortes
Humer l'encens des immortels !
Des héros dont la renommée
S'exhala , trompeuse fumée ,
Le souvenir eût-il péri ,
Si leur valeur , de *l'ordre* amie ,
Eût brisé les presses de Mie ,
Et pris le cloître Saint-Méry ?

Et vous qui , pubères victimes ,
Ivres d'audace et de fierté ,
Sous les plombs quasi-légitimes
Mouriez au cri de liberté ;
Vaincus des deux jours , sur vos tombes ,
Que nul ne porte en hécatombes

Les regrets amers ni les pleurs ;
Et qu'à peine la main secrète
D'une mère, ou d'un vieux poète,
Ose y répandre quelques fleurs !

CHARIVARI.

O 'twas a din to fright a monster's ear,
To make an earthquake!

SHAKSPEARE; The Tempest.

Voilà le cri du peuple!

NÉMÉSIS.

CHARIVARI.

I.

Lorsque l'aube, à peine éveillée,
Nuançant de fraîches couleurs,
Sur la campagne émerveillée
Semait les perles et les fleurs ;
Aimiez-vous, dans l'avril de l'âge,
Les concerts que, sous le feuillage,
Les doux parfums rendent plus doux?
Et du Gave, aux eaux fugitives,
Aimiez-vous les notes plaintives ?
Et leur bruit charmeur, l'aimiez-vous?

Sous les deux nefs et dans l'enceinte
Où vos autels sont enfermés,
Des accords de la harpe sainte
Sans doute vous fûtes charmés :
Etrangère, mais rajeunie,
Plus tard, sans doute, Polymnie
Vous abreuva de chants nouveaux :
Et déjà, blasés que vous êtes,
Vous voulez que ses interprètes
Ne connaissent plus de rivaux.

Dans le stade trompeur de ma courte jouvence,
Si, comme vous, je fus épris
De l'art qui vous émeut; vers le but où j'avance
Cet art pour moi n'a plus de prix.

Le temps, vieillard jaloux, a dénoué la trame
De ces jours aux tendres liens,
Où les longs soirs d'hiver amollissaient notre ame
Sous les accords italiens;

Où sa voix se mêlait, douce, aux bruyans éloges
D'un public comme elle ravi;
Où près d'elle pleuvaient, des balcons et des loges,
Les frais bouquets et les bravi.

Sous quels dômes touffus irais-je encore entendre
Les premiers concerts du printemps,
Comme si, le matin, j'allais encor l'attendre,
Sûr de n'attendre pas long-temps?

Enfant, aux chœurs sacrés où l'airain vous appelle,
Les flots du peuple m'ont poussé;
Mais la Scène aujourd'hui, les bois et la chapelle
Se taisent; les chants ont cessé:

Je ne les entends plus.... Morne, et l'ame flétrie,
On croit ne pouvoir plus souffrir:
Crédule!.... A nos regards, déplorable patrie,
Ton image en deuil peut s'offrir.

Aux suaves accords restez, restez sensibles!
Je veux des ïambes mordans :
Mais le vers pourra-t-il couler pur et flexible
A travers les sons discordans?

II.

Frères, la lampe obscurcie
Se meurt : fermez les étaux ;
Et que l'enclume et la scie
Dorment auprès des marteaux.
Respirez.... Depuis l'aurore,
De durs travaux harassés ;
Et, si la faim vous dévore,
Peut-être il vous reste encore
Le pain du soir.... C'est assez.

— Oui, c'est assez; c'est trop, dirait l'Iscariote,
Qui jura dans nos mains de défendre vos droits;
Histrion, qui, jetant le masque patriote,
S'est fait l'ardélion des rois!

Mais, quand au bout de table offert à sa bassesse,
Où le char blasonné le jetait au galop,
Vautour, comme au budget, il s'acharnait sans cesse,
Alors, alors était-ce trop?

Et c'est ce soir qu'il arrive,
Ce soir qu'il revoit nos murs,
Ce soir que sur cette rive
Il se glisse à pas impurs;
Ce soir, que son infamie
Se dérobe aux traits du jour,
Et sans qu'une voix amie,
Trompant la haine endormie,
L'accueille au natal séjour.

Et vous, frères! et vous qui, pipés d'espérance,
Au départ de l'élu, semiez ses pas de fleurs;
Vous qui, mêlant son nom aux noms chers à la France,
Le pavoisiez des trois couleurs;

Frères, de son retour quand l'heure est si prochaine,
D'un civique banquet avez-vous fait les frais?
Et, sous les verts festons du laurier ou du chêne,
Cors, bassons, haut-bois sont-ils prêts?

Allons, qu'on détache
L'airain des parois
Où la faim se cache
Près des seuils étroits!
Sortez! que la rue
De la foule accrue
S'encombre et s'obstrue!
Et, sous les volets
Du vil mandataire,
Ebranlez la terre
Au bruit des sifflets!

Et ce n'est pas assez : il faut rendre à l'infâme
Tous les honneurs qui lui sont dus :
L'infâme un jour vendra ses filles et sa femme ;
Car l'infâme vous a vendus.

Que chacun appelle
A l'aigre concert
Chaudron, pince et pelle,
Clés et fouets!.... Tout sert ;
Tamtams et cymbales,
Crotales, timbales,
Fusils.... Mais sans balles,
Cornets à bouquin,
Cris, haros, huées,
Ouvrez des nuées
Le noir baldaquin !

Et ce n'est point assez : il faut rendre à l'infâme
Tous les honneurs qui lui sont dus :
L'infâme un jour vendra ses filles et sa femme ;
Car l'infâme vous a vendus.

Pour que tout réponde
Au bruit infernal,
Que la foudre gronde
En long arsenal!
Et lui, du supplice
Buvant le calice,
Félon, qu'il vieillisse,
Qu'il s'ensevelisse
Dans un cabanon;
Et qu'avec blasphème,
Son fils, son fils même
Crache sur son nom!

III.

Il eût été si doux pour vos ames touchées
De verdir les pavés de nouvelles jonchées !
Si doux, tels que d'un père accueillant le retour,
De réjouir la nuit des feux de mille phares,
Et d'entendre vivats, cris d'amour et fanfares
Répondre à son nom tour-à-tour !

Et plus doux mille fois, et plus touchant encore,
De lui dire : « Aujourd'hui le peuple te décore,
« Tribun, du peuple aimé, des civiques rameaux :
« Prends place parmi nous, et la première place :
« Comme le cœur d'un roi, ton cœur n'est pas de glace
« Ou de bronze, au cri de nos maux.

« Toi, de nos rangs sorti, fidèle à ta parole,
« Tu n'as pas pris le masque, et pas changé de rôle ;
« Le midi de tes jours n'a pas honte du soir :
« Loin des bancs effrontés d'une tourbe à l'enchère,
« Les hommes de la gauche, à qui la France est chère,
« A leurs côtés t'ont vu s'asseoir.

« Quel Walpole, pesant ton vote en sa balance,
« Eût osé mettre à prix ta voix ou ton silence ?
« Tu méprisas des rois le sourire flatteur :
« Ton cœur républicain, qu'un noble zèle enflamme,
« T'a dit : Le peuple seul, de l'éloge ou du blâme,
« Le peuple est le dispensateur.

« Honneur à toi, tribun ! L'amour qui t'environne
« Vaut mieux qu'un vain accueil près des marches du trône :
« Tu l'as compris. Du Louvre, infesté de forbans
« Aux crocs dorés, tes pas n'ont pas suivi l'ornière :
« Tu rentres parmi nous, pur ; et ta boutonnière
« Ne rougit point de deux rubans.

« Vis, tribun !.... » Oh ! s'il eût entendu ce langage !
Oh ! si de nos respects il eût reçu ce gage !
Mais, de carie infect, son cœur était plombé ;
Mais, assis ou debout, à l'ordre d'un ministre,
Contre vos droits toujours, pour quelque arrêt sinistre,
Son vote dans l'urne est tombé.

Mais, plus bas que le chien rampant aux pieds du maître
Qui l'appâte et l'enchaîne, il est allé se mettre,
Affamé renégat, aux vils pieds du pouvoir ;
Mais les pleurs, mais les cris, mais l'aboi des entrailles
D'un peuple dont la faim grossit les funérailles
Un seul jour n'ont pu l'émouvoir !....

Allons, qu'on détache
L'airain des parois
Où la faim se cache
Près des seuils étroits!
Sortons! que la rue
De la foule accrue
S'encombre et s'obstrue;
Et, sous les volets
Du vil mandataire,
Ébranlons la terre
Au bruit des sifflets!

Que chacun appelle
A l'aigre concert
Chaudrons, pince et pelle,
Clés et fouets!... Tout sert.
Tamtams et cymbales,
Crotales, timbales,
Fusils.... Mais sans balles,
Cornets à bouquin,
Cris, haros, huées,
Ouvrez des nuées
Le noir baldaquin!

Pour que tout réponde
Au bruit infernal,
Que la foudre gronde,
Bruyant arsenal!
Et lui, du supplice
Buvant le calice,
Félon, qu'il vieillisse,
Qu'il s'ensevelisse
Dans un cabanon;
Et qu'avec blasphême,
Son fils, son fils même,
Crache sur son nom!

VOYAGE

EN PROVENCE.

Dirò de l'altre cose ch' io v' ho scorte.

DANTE.

VOYAGE

EN PROVENCE.

Je descendais le Rhône ; et, dans son tour rapide,
La roue aux dents de fer brisant le flot limpide,
Le paquebot filait, passagère prison.
J'interrogeais à l'est le bleuâtre horizon;
Car je me souvenais que mon plus beau modèle,
Chénier, avait prédit, ma mémoire est fidèle,

Qu'*un jour le voyageur, par le Rhône emporté,*
Saluerait ces hauteurs d'un cri de liberté,
Et qu'à leurs pieds, *ému de transports magnanimes,*
Il dirait à son fils : Vois ces augustes cimes.

Ainsi, dès le matin, debout et soucieux,
Du tillac aux sommets que teint l'azur des cieux,
Mon œil, d'un tube armé, cherchait à reconnaître
L'aire où la liberté jadis avait dû naître :
Naître belle et grandir... pour retomber aux mains
D'un empereur, de rois, durs fléaux des humains;
Et, de nos bords honteux s'échappant méconnue,
Reprendre, en pleurs, son vol au-dessus de la nue!
Et quand le crystal double, aux deux bords ramené,
Eut vu fuir Tain, Valence, et les tours de René,
Et le pont Saint-Esprit, et les vals que le fleuve,
Noble époux de l'Isère, à larges traits abreuve,
Remettant le signet dans un vieux compagnon
De voyage, le soir, j'entrai dans Avignon.

Pèlerin dormant peu, dès l'heure où pointe l'aure,
Je voulais visiter la chapelle où dort Laure;

Le palais où, du ciel dirigeant les desseins,
Clément et Jean vingt-deux vivaient en petits saints;
Et voir si, loin d'Arqua qui la tenait récluse,
L'ame du doux Pétrarque erre aux bords de Vaucluse.
L'arc-en-ciel quelquefois se montre inattendu.
Dans la ville ex-papale, un doux bruit répandu
Vint m'apprendre, ô bonheur! que le Prince, en tournée,
Arrivait.... Adieu donc, projets de ma journée!
Le Prince! un fils de roi! *Je crus de mon devoir*
De joindre le plaisir à l'honneur de le voir:
Et je ne quittai point, non, pas même à la brune,
L'hôtel où vous savez qu'ils ont massacré Brune.

Vous ne croiriez jamais quelle fut ma stupeur
Quand je sus que j'étais dupe d'un bruit trompeur.
Un jour, un jour entier, l'œil tendu sur la rue,
Entre six pieds carrés faire le pied de grue!
Attendre et ne pas voir venir! Et quel motif,
En route, retenait l'héritier présomptif?
Complimenteurs banaux, que le ciel vous confonde!
Je ne sais plus quel maire, à verbeuse faconde,
Poursuivait Monseigneur, se clouait à ses pas:
Et Monseigneur, et l'hoir, hélas! n'arrivait pas.

Du contre-temps cruel trop sûr, à ma tristesse
Cédant alors : — Demain, peut-être, son altesse
Viendra de sa présence honorer les remparts
D'Avignon : mais il faut que je parte; et je pars.

A travers les parois en feu de son étuve,
Avez-vous entendu bouillonner le Vésuve?
Au versant du Jura, de vapeurs inondé,
Sans doute autour de vous la foudre aura grondé?
Sur un amendement qui rogne leur pâture,
Que nos Erésichtons aient crié : la clôture!
Ces clameurs, ce fracas, ces sourds mugissemens,
Que sont-ils, dites-nous, près des rugissemens
Du peuple, quand, lassé du pouvoir qui l'obsède,
A sa longue rancœur enfin le peuple cède
Et se lève? Mais lorsque, en deux camps divisé,
De cris rivaux le peuple allume l'air brisé;
Lorsque, bleu de fureur, hurlant en cannibales,
Les couteaux dans ses mains lui tiennent lieu de balles;
Rien de tel : c'est superbe! Et je ne sais pourquoi,
Dans mon tiers du coupé blotti, me tenant coi,
Je détournai le chef de la scène imprévue
Que le jour blanchissant déroulait à ma vue;

Et pourquoi, me trouvant, moi piteux, entouré
D'un ramas de héros, j'eus peur..... je l'avouerai,
Oui, peur; avec le vrai jamais je ne transige;
Et tout bas, me signant, je m'écriais : où suis-je?
J'étais à Nîme.... à Nîme, où, depuis quatre jours,
Les *Blancs* terrorisaient la ville et les faubourgs;
Où plus d'un Trestaillons, entre ses dents qu'il grince,
Disait: nous pelotons en attendant le prince.....
Et, par ce pelotage assez mal rassuré,
A Nîmes je me tins aussi claquemuré.

Oh! jamais dans ses murs si le sort me ramène,
Je verrai les débris de la grandeur romaine.
J'ai mesuré de l'œil les colosses rivaux
De Rome et de Vérone; et si trois cents chevaux
Piaffant, libres du mords, de la selle et des rênes,
Soulevaient sous leurs fers le vieux sol des Arènes,
Peut-être je pourrai, du moins, d'un long regard
Aller te saluer, pont sublime du Gard.

En sursaut éveillé dans Aix, la nuit suivante,
Je crus prêter l'oreille à des cris d'épouvante :

Ma frayeur, cette fois, était vaine; un concert
Du souper d'un préfet annonçait le dessert;
Rien de plus. Il est vrai que le *tutti* barbare
Aurait glacé d'effroi le vieux chien du Tartare,
Mahul, Schonen lui-même... et si, chacun disait
Que ce n'était plus Thiers qu'on charivarisait.

Narrateur plus exact, j'aurais dit que, la veille,
Déviant de ma route, avant de voir Marseille,
J'avais voulu voir Arle..... Et, lorsque j'avançais
Vers la tour de *Roland*..... Dieu juste! ils sont Français,
Ils le sont!... et pourtant, quelle race ennemie
Sur la France eût à flots versé tant d'infamie?
Oui, je vis, de douleur pâles, inanimés,
Un reste de proscrits qu'un Czar a décimés...
Et, du pardon céleste indigne que nous sommes,
Près du *Champ* des *Tombeaux*, sur la place des *Hommes*.
Et dans l'*amphithéâtre* aux arceaux menaçans,
Les proscrits dédaignés dérobaient aux passans,
Comme nos preux vaincus que recueillit la Loire,
Sous des habits d'emprunt leur misère et leur gloire.

Quoi! disais-je, pensif, malgré l'espoir flatteur
Qui promet à nos vœux l'aspect consolateur

Du rejeton royal ; malgré que sa présence
Vienne enfin jalonner la paix, l'ordre, l'aisance,
Toujours partout l'émeute, et le deuil, et l'effroi !
Que serait-ce, bon dieu, dans l'attente d'un roi !

Eh ! quand loin de Paris, sacré dépositaire
De mes cyprès aimés, je fuyais solitaire,
Solitaire et pleurant, de ma peine suivi,
L'ineffable trésor que le ciel m'a ravi,
Oh ! si j'avais prévu qu'à nous perdre acharnées,
De noires déités nous tramaient deux journées,
Loin de Paris levé serais-je allé courir ?
Sous le drapeau du peuple il est beau de mourir.
Le brave est à son poste ; et les dieux font le reste.
Narcissa !... sous ce nom c'est ton nom que j'atteste !
Mêlant ma vieille ardeur à leur jeune vertu,
Avec eux, dans leurs rangs, oui, j'aurais combattu.
Mais, à l'heure propice ajournant sa colère,
J'avais cru que dormait le lion populaire,
Et que du grand Juillet l'astre fauste et vermeil
Pouvait de ce lion secouer le sommeil.

Alors, prêt à partir : — L'hiver fuit ; mai s'avance ;
J'ai subi le fléau. Cherchons dans la Provence,

Avant que du cancer les feux soient allumés,
Les brises du grand lac, et les bois parfumés.
Sur les climats heureux qu'un ciel riant décore,
La douce liberté brille plus douce encore,
Le midi de la France en est l'Eden; voyons
Si, dans l'Eden, le phare, aux lucides rayons,
Qui de tant de splendeur auréole le trône,
Luit près de la Durance, et sur les bords du Rhône.

Ainsi m'étais-je dit; et, le long du chemin,
Que souvent je suivais le cormier à la main,
A la foule, partout murmurante ou plaintive,
Je prêtais, inquiet, une oreille attentive;
Et si, d'un crayon sec, vulgaire, et dépourvu
De talent, j'ébauchais ce que mes yeux ont vu,
J'enregistrais du moins, dans mes lignes rimées,
Les poignantes douleurs des classes opprimées,
Les dégouts que soulève un pouvoir sans vigueur,
Et les complots sans fin du moderne ligueur.

Enfin, après un mois, j'apercevais Marseille;
Et Marseille m'offrait des silhouettes pareilles.
Tour-à-tour, sur leurs murs, ses cent mille habitans,
Voyaient, malgré Thomas, les deux drapeaux flottans.

Ce jour-là scintillait le pannon tricolore.
L'œuf, hors du nid couvé, se presse trop d'éclore,
Celle qui, repoussant des soins méticuleux,
De son lit exhiba l'enfant miraculeux,
Dans ses vœux, trop hâtive à ramener en laisse
Le triste Éliacin qu'un peuple ingrat délaisse,
Caroline avait vu ses efforts superflus :
Elle n'avait pu faire un miracle de plus.
C'est qu'on a foi souvent à de pipeurs oracles,
Et que l'an trente-deux n'est pas l'an des miracles.

Et le blanc-rouge-bleu cependant triomphait,
Et bientôt un avis de monsieur le préfet,
Sur tous les murs collé pour ceux qui savent lire,
Porta, j'en conviendrai, mon ivresse au délire :
« Citoyens ».... Non, je faux.... « Chers habitans, ce soir,
« Ce soir le prince arrive, et nous allons le voir ! »
— Ah ! d'un moment si doux l'espoir me dédommage,
M'écriai-je : tout prince a droit à mon hommage;
Celui-ci plus qu'un autre.... Allons ! n'attendons pas
Son débotté ; volons au devant de ses pas....
Et le *Cours*, et *Meilhan*, *Cannebière* et *la rive*,
Partout où j'entendais : Il arrive ! il arrive !

J'y courais ; lorsqu'un mousse, aussi nu qu'un Sabin
De David : — Eh ! monsieur, le prince? il prend un bain
Hors du port. — Une barque, et volons ! répondis-je;
A partir cette nuit le sort fatal m'oblige :
Ramez, tendez la voile.... Il était arrêté
Que, las ! je devais être en tout désappointé :
Je ne vis point le prince.... En ses sillons humides,
Le flot jaloux ravit à mes regards avides
L'épiderme royal étendu sur ses os;
Et le jeune Dauphin nageait entre deux eaux.

Notes.

NOTES.

LE CONVOI.

Du tribun de Barcelonnette....

Manuel, né à Barcelonnette, la plus jolie ville du département des Basses-Alpes.

La foule escortait Benjamin.

Benjamin Constant.

Ces noms : Fontarabie, Allemagne, Caprée....

La prise de Caprée, le plus beau fait d'armes du général Lamarque.

Des mouchards porteraient leur volonté formelle
De teindre de sang tant de pleurs.

Cour d'assises : procès qu'a subi le *Corsaire*.

S'il faut des arrêts au prétoire....

Paris mis en état de siége le lendemain des deux jours néfastes.

A deux battans ouvre tes portes....

Réminiscence de la strophe admirable de Lebrun :

> Ouvre tes portes immortelles,
> Panthéon, reçois nos héros.... etc.

CHARIVARI.

> Quel Walpole, pesant ton vote en sa balance,
> Eût osé mettre à prix ta voix ou ton silence?

Robert Walpole. On disait un jour devant ce premier ministre de George II que toutes les voix du parlement étaient vénales. *Je le sais mieux que tout autre*, répondit-il, *j'en ai même le tarif.* Les Villèle, les Martignac, les Polignac, les excellences de la royauté du 7 août n'auraient pu faire la même réponse. Jamais, à aucune époque, un seul de nos députés ne s'est vendu.

VOYAGE EN PROVENCE.

> Un jour le voyageur, par le Rhône emporté.....
> . . . .
> Et qu'ému de transports magnanimes,

Il dirait à son fils : Vois ces augustes cimes.

André Chenier.... Fragment.

La chapelle où dort Laure.

Laure de Sades, la maîtresse ou l'amie de Pétrarque ; on ne sait.... La chapelle n'existe plus. Un anglais a fait élever, à ses frais, une pierre tumulaire à la place où Laure est ensevelie.

Le palais où du ciel dirigeant les desseins,
Clément et Jean XXII.....

Clément V et Jean XXII, les deux premiers pontifes qui transportèrent le siége papal de Rome à Avignon.

Je crus de mon devoir
De joindre le plaisir à l'honneur de le voir.

La Chaussée. Biographie de Piron.

Et si trois cents chevaux
Piaffant.....
Soulevaient sous leurs fers le vieux sol des Arènes....

Ce beau reste d'antiquité, rival du Colysée et de l'Amphithéâtre de Vérone, est occupé par un corps de cavalerie.

Vers la tour de Roland....
Près du Champ des Tombeaux, sur la place des Hommes,
Et dans l'amphithéâtre....

Monumens et quartiers de la ville d'Arles.

Sous des habits d'emprunt leur misère et leur gloire.

Vrai à la lettre. Par une mesure infâme, on a casé les Polonais partout où l'on se flattait que ces nobles proscrits trouveraient moins de sympathie.

Et le Cours, et Meilhan, Cannebière, et la rive....

Promenades, une des rues et le port de Marseille.

Et le jeune Dauphin nageait entre deux eaux.

Ce dernier vers du *Voyage en Provence* n'est pas un mauvais jeu de mots. S. A. R. nage et plonge très-bien.

FIN.

TABLE.

FIN DE LA TABLE.

www.ingramcontent.com/pod-product-compliance
Lightning Source LLC
LaVergne TN
LVHW010107230826
846091LV00005B/2128

* 9 7 8 2 0 1 9 1 3 1 5 9 3 *